JN411173

가슴에 시들지 않는 그리움

2013 & **가슴에 시들지 않는 그리움**

인 쇄: 초판인쇄 2013년 01월 20일
인 쇄: 초판발행 2013년 01월 25일
지은이: 박소월
펴낸이: 윤기영
편 집: 정설연
펴낸곳: 도서출판 노트북
등 록: 제 305-2012-000048호
본 사: 서울시 동대문구 장안동 314-3번지 나동 101호
전 화: 070-8887-8233 팩시밀리 : 02-844-5756
이메일: hdpoem55@hanmail.net

정 가 : 10.000원정
ISBN : 978-89-92687-34-8-03810

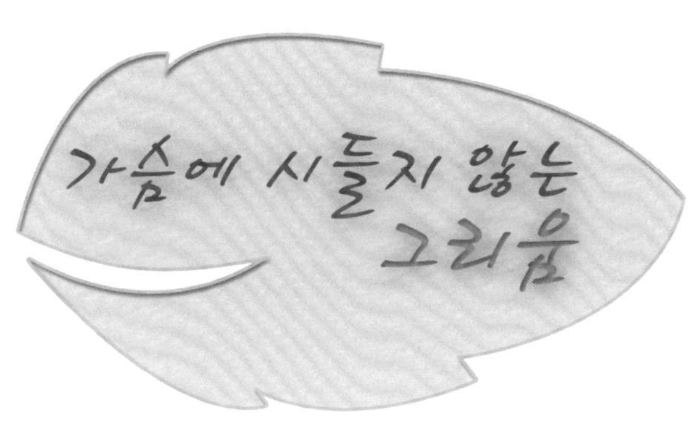

박
소
월

서문

"詩라는 것이 쫓아가면 도망가고, 포기할듯하면 어느새 곁에 와있다" 며 한탄하기도 했다는 어느 시인의 이야기가 남의 일 같지 않게 느꼈던 지난 몇 개월 이었습니다. 고은 시인님의 말씀처럼 시상이 생길 때만 시를 쓸 것이 아니라 천직으로 생각하고 치열하게 시를 쓸 생각입니다.

시를 쓰면서 현실과 상상 그리고 이상 속을 넘나들었습니다. 그러니 혹시 제 시를 읽을 때 '그녀 혹은 그대는 누구일까' 하는 상상은 잠시 미뤄두시기를 바랍니다.

당선작 소월(小月, 작은달)의 작품명을 따서 호를 소월(小月, 작은달)로 하였습니다. 김소월(素月, 흰 달)시인의 호와 한글 음은 같지만 원래 뜻은 완전히 별개이므로 아량을 베풀어 주시면 감사하겠습니다. 앞으로 절차탁마(切磋琢磨)하여 박소월이라는 이름이 부끄럽지 않게 열심히 노력 하겠습니다.

학교에 입학하여 첫 책을 받았을 때의 설렘과 첫 데이트를 나가는 연인의 가슴 떨림을 가져봅니다.

끝으로, 저에게 많은 영감과 정서적 풍요를 주신 많은 분께 감사드립니다. 인생의 변곡점을 지나다 보니 슬픔도 기쁨도 모두 감사할 일들이었으며, 일어나지 말았어야 할 일들조차 그리움입니다. 인생은 수많은 인연들의 연속입니다. 소중한 인연이 공감과 공유로 밤하늘의 별빛처럼 아름답게 빛났으면 합니다.

2013년 1월에

박소월 드림

박소월

1부. 소월

2부. 시작(詩作)

3부. 만남

목차

박소월

4부. 연서(戀書)

1부

소월

소월(小月)

언덕 너머로 조그만 달이
어여쁘게 고개 내미네

반가이 맞이하지만
너무 멀리 있네

작은 월향(月香) 이라도
내 작은 연못에 스친다면

그로 하여 내 마음속
잔잔한 물결 일 텐데.

만월목하(滿月木下)

달빛 가득한 아카시아 아래
말없이 앉은 너와 나

스무 살 네 가슴은
꽃망울처럼 부풀어 올랐고

두어 살 많은 내 마음은
보름달처럼 두둥실 떠 있었다

희미해지는 달빛 따라
아득히 멀어졌지만

잊지 못할 거란 네 말대로
달만 뜨면 아직도 그때 같은데.

만월(滿月)

구름이
금빛 가락지로
만월을 유혹하는 밤

달은
하얀 구름 타고
파란 하늘 어디로 가나

별이
나뭇가지 뒤에서
지켜보며 한 숨 쉰다

대지 가득 일렁이는 달빛
술잔 가득 흔들리는 위스키
내 마음 가득 일렁이는 너의 얼굴

달에 취해
술에 취해
너에 취해

나는 어디로 가나.

너는 어디에

마지막 정열 태우던
붉은 낙엽들 떠나고

연 주홍 노을만 남기고
모두 떠나버린 겨울 숲

바람결에 놀란 새들이
잔설 날리며 날아오르는데

나의 파랑새여
너는 어디에 있나.

무심

달이 나뭇가지를 붉게 물들여 놓고
스쳐 지나가 버린다

바람은 나뭇가지를 부르르 떨게 하고
멀리 떠나가 버린다

냇물은 바위를 촉촉이 적셔 놓고
무심코 흘러가 버린다

너는 내 마음 흔들어 놓고
잡을 수 없는 바람으로 가버렸다

인적 없는 적막한 산골짜기
뻐꾸기만 밤새 워~꾹 워~꾹 울어 댄다.

취한 달 취월(醉月)

달빛이 좋으니
약주나 한잔할까

금빛에 물든 개울
참으로 빛이 곱구나

달빛 좋고 물빛 좋고
술 빛 또한 일품일세

너 한 잔
나 한 잔
달빛 한 잔
사랑 한 잔

밤새도록 마셔보세
인생이 뭐 별건가

취해봄이 어떠한가
달빛 좋은 이 밤엔.

계륵(鷄肋)

가까이 있으면 정신없고
떨어져 있으면 불안하고

곁에 있으면 귀찮고
멀리 있으면 허전하고

외로울 땐 친구 되고
바쁠 땐 원수 되고

많이 오면 눈총 가고
안 오면 눈길 가는

넌 누구냐
휴대폰.

월광(月光)

밝은 달빛 아래
밝지 못한
내 사랑 탓하노라

가득한 달빛 아래
가득하지 못한
내 사랑 탓하노라

내 얼굴 환히 밝혀주는
달빛 받으며
그대 얼굴 환하게
밝혀주지 못하는
내 사랑을 탓하노라.

미월(美月)

예쁜 달빛에
내 마음 흔들리고

황홀한 달빛
널 보기 부끄러워

물 위의 그림자만
훔쳐볼 수밖에

너 또한 내 마음
알 길 없기에

한 잔 술로
날 달랠 수밖에.

월아대작(月我對酌)

술 한 잔 마시고
달 한번 쳐다보니

내 잔은 비었는데
달은 가득 차 있네

또 한 잔 마시고
달 한번 쳐다보니

내 잔도 비어있고
달도 비어있네

밤새도록 달과 함께
주거니 받거니

내가 달이 되고
달이 내가 되네.

수작(酬酌)

가을밤 하늘에
달이 두둥실 떠있다

실비단 위에서 호강하다가
때론 실오라기 하나 없는 허공이 외롭다

별들이 하나 둘 사라지면
아쉬운 듯 서쪽 하늘로 사그라질 터인데

나와 함께 이 좋은 밤
실컷 취해 놀아봄이 어떠한가.

색(色)

하얀
첫눈이 온 날

주황
촛불 은은히 켜고

연분홍
네 얼굴 바라보며

붉은
와인에 입술 적시면

붉게
불타오르는 뜨거운 가슴.

무화과(無花果)

당신이 내게
어떤 과일을 좋아하느냐 물으시면
무화과라고 대답하지요

당신이 내게
어떤 꽃을 좋아하느냐 물으시면
무화과 꽃이라고 대답하지요

당신이 내게
어떤 임을 좋아하느냐 물으시면
무화과에 물어보라고 대답하지요.

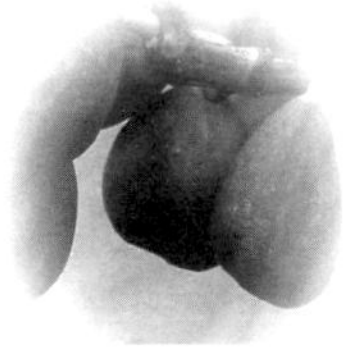

고드름

사랑이 다하고 다하면
이별은 오리라 예상했건만

사람의 마음은 사뭇 모질지 못해
이별은 아쉬움 되고 아픔이 되고

사랑
떠난 빈자리에 마냥 서서
이별
눈물 뚝뚝 흘리는 고드름

사랑 없는 시린 겨울바람 맞으며
이별의 시퍼런 칼날 세우고 있다.

시가 왔으면

시야
네가 왔으면

마른 가지 깨우는
바람결로

한밤에 살며시
흰 눈으로

어둔 밤 밝히는
달빛으로

아무도 모르게
그대가 왔으면

시야
네가 왔으면.

한밤에 쓰는 시

모두가 잠든 밤
홀로 시를 쓰고 있다

똑똑 떨어지는 물소리에
밤은 점점 깊어가고

칠흑 같은 적막감 속에
한줄기 빛으로 오는 시

잠들지 않고 시를 맞으려
커피를 가득 탔다

커피 잔 가득 시가 왔으면
깊은 밤만큼 깊은 시가 왔으면.

낙화(落花)

눈부시게 빛나던
하얀 꽃잎

바람에 흔들려
시냇물에 떨어진다

꽃잎은 사정없이
바위에 부딪힌다

찢긴 꽃잎은
속절없이 떠내려간다

다시 온다는
언제 온다는
약속도 없이.

고별(告別)

가을이 아주 아름다워도
떠나보내야만 하듯

그대 너무 사랑스러워도
떠나보내야만 합니다

찬 서리 모진 바람이
그대 붉은 입술 앗아가기 전에

당신도 어렴풋이 알고 있었듯이
이제는
그대를 보내야만 합니다.

남한산성 수어장대(守禦將臺)

구름 위에 우뚝 선
남한산성 수어장대

수어장의 깊은 근심
아는 듯 모르는 듯

군사들 함성 높고
깃발 하늘 찌른다

늘 푸른 저 소나무
천 년을 지킨 성벽

장군은 간 곳 없고
외로이 선 수어장대.

선거

누가 될 것 같나 하면
그냥 웃지요

또 누가 될 것 같나 하면
또 그냥 웃지요

그래도
누가 될 것 같나 하면

큰물이 지난 후에
물길이 더 깨끗하고

모닥불은 솟궈줘야
더 잘 탄다고 하지요.

2부

시작(詩作)

시작(詩作)

언어의 바다에
밤새 불 밝혀
겨우 몇 줄 시를 건져 올린다

새벽 여명처럼
사위(四圍)를 환히 밝히는
번쩍거리는 시어들이
푸른 물고기처럼 퍼덕거리며
손끝을 마구 흔든다

나는
착한 어부처럼
환하게 웃음 짓는다.

버스

오늘은 아무 버스나 타고
어디로든 가고 싶다

예전엔 다정히 버스를 타고
아득한 양평 길 떠났었는데

내 어깨에 기댄 싱그러운
네 향기에 내 가슴 뛰었었는데

도란도란 차창에 새겨 놓은
수많은 우리 사연 간직한 채

버스는 야속하게
우리의 젊은 날들을 싣고
아득히 먼 세월 속으로 떠나가 버렸다

젊은 날의 사랑아 추억아
네가 다시 올 것만 같은 미련에
나는 오늘 버스를 기다린다.

솔메 마을

내가 사는 곳은
바쁠 일도 없고
그리 급할 일도 없는 곳

빙 두른 숲이 포근히 덮어 주고
시냇물 소리에 잠들어 새소리에 잠 깨고
나뭇잎이 "괜찮다" 며 위로해 주는 곳

"어이, 하늘 아빠 내려와서 한잔해요" 하면,
형님 아우 하며 도란도란 이웃 간에
정겨운 술 이야기 넘쳐나는 곳

이 집 저 집 마실 다니며 정을 나누고
막걸리 몇 잔에 왁자지껄 웃음꽃 피우고
얼굴마다 소박한 웃음이 번지는 동네

백곰, 해피, 단비, 개들도 배불리 먹고
자유로이 계곡에서 물놀이한 후
배 깔고 상팔자로 낮잠 즐기는 곳

꽃 냄새
흙냄새
물 냄새
바람 냄새
사람 냄새 가득한 곳
귀여운 아이들과 순박한 아내와
이웃사촌 오순도순 모여 사는 숲 속 마을

내 고향은
구름 머무는 태재 고개 너머
경기도 오포 솔메 마을이라 하네.

잘린 숲 · 1

이른 아침부터 이잉 이이이잉
나무 자르는 소리

나무들의 비명은
전기톱의 소음에 묻혀버리고

시퍼런 단두대의 사형집행에
푸른 숲이 순식간에 사라졌다

집 잃은 새는 떠나고
옆집 처녀도 이사가 버린 날

뿌리째 뽑혀 버려진 나무는
차가운 별을 보며 밤새도록 울고 있다.

잘린 숲 · 2

함박눈이 잘린 상처를 포근히 감싸고
햇살이 따스하게 내리쬐는 날

잘린 나무의 밑동에서 햇가지가 나와
잘렸던 숲이 예쁜 관목 숲을 이루었다

떠난 새는 돌아오건만
떠난 임은 언제 돌아오려나

떠난 새는 돌아오건만
떠난 임은 언제 돌아오려나.

장미

꽃병에 꽂아둔
연분홍 장미꽃

발그스레한 볼에
수줍은 미소 짓다가

기어코 환하게
마음을 여는 장미

가시에 찔렸던
기억은 사라지고

불현듯 생각나는
그 여인의 장미 향수.

달을 사랑한 남자들

한 남자가 미친 듯
달을 사랑했습니다

그 남자는 달을 잡으려다
영원히 달이 되어 버렸습니다

또 한 남자가 미친 듯
달을 사랑합니다

그 남자도 달을 잡으려다
영원히 달이 되려 합니다

조그만 달이 두 남자를
넉넉히 안아 줍니다.

찔레꽃

강 건너 저편에 찔레꽃 아름다워
단숨에 노 저어 꽃 따러 갔지

눈부신 하얀 꽃 달콤한 향기
두 팔 가득 꺾어 가졌지

꽃 빛에 눈멀고 향기에 취하여
흰 서리 내려도 돌아가지 못했네.

국화차

가는 가을 아쉬워
국화차를 만들었다

바싹 마른 국화에
뜨거운 물 부으면

수줍게 꽃피우는
노란 국화꽃

메마른 내 가슴에
그대 모습 그려보면

어느덧 피어오르는
황홀한 국화 길 추억.

보리

추운 밤
며칠을 굶은 듯
보릿대처럼 깡마른 고양이 한 마리가
내게 왔다

애처로이
야옹야옹 울어 대지만
내게로부터 도망가기 바빴다

한 달여 후
살도 제법 올라 뒤뚱거리고
강아지처럼 날 졸졸 쫓아다니며
아기 울음을 흉내 낸다

보리처럼
앙상했던 내 사랑도
통통하게 살찌울 수 있을까.

외로운 보리

겨울밤
하얀 달빛 아래
보리 고양이가 운다

춥다고 야옹
외롭다고 야옹야옹
슬프다고 야옹야옹 야아옹

겨울밤
하얀 달빛 아래
나도 따라 운다

춥다고 야옹
외롭다고 야옹야옹
슬프다고 야옹야옹 야아옹.

하늘과 땅

어디 태곳적부터
하늘과 땅이 둘이었던가

흰 눈 내려
하늘과 땅 하나 되었네

저 하늘 멀리 머~얼리
떠나간 임 떠나간 임아

어느 때 흰 눈 내려
너와 나 하나 되려나.

애정 결핍

부모 잃고 주인 잃은 고양이가
사랑해 달라고 제 몸을 비빈다

나만 보면 어디선지 쪼르르 달려와
사랑해 달라고 제 몸을 비빈다

앙상한 가지에 매달린 나뭇잎
찬바람에 쓸쓸히 흔들리는 가을

외로운 이 몸 어디에 기대어
사랑해 달라고 내 몸을 비빌까.

사랑스런 달님

무거운 대문을 열고
마당으로 들어서니

구름 장막 열어젖히며
달님이 환하게 날 반기네

어젯밤 꿈속에
내 품에 안겼던 달님이

예쁜 웃음 지으며
두 팔 벌려 날 반기네

어둡던 내 마음이
달빛으로 환해지네.

제주로 간다

마음이 울적할 땐
넥타이 훌훌 벗어 던지고
푸른 섬 제주로 간다

은빛으로 손짓하는 푸른 바다 위를 지나
솜털처럼 밝게 빛나는 구름 위를 날아
어머니의 젖가슴 제주에 안긴다

마음속 번뇌를 하얗게 씻겨주는 해변에 앉아
철썩 철썩 처얼썩 때리는 파도를 맞고
맞고 또 맞으며
고달픈 인생사 모두 내려놓는다

내가 물으면
파도가 가슴 치며 답한다
바보야 바보야 이 바보야 라고.

참 좋겠다

어릴 때 어른에게 했던 말
참 좋겠다

어른 되어 어린이에게 하는 말
참 좋겠다

언제나 다른 이에게 하는 말
참 좋겠다

언제나 나에게 못하는 말
참 좋겠다.

줄타기

안성 남사당패 어여쁜 처녀가
아득한 외줄 위를 잘도 걷는다

삐리리 삐리리 피리 소리에
가던 길도 획 돌아서 가고

덩더꿍 덩더꿍 북소리 맞춰
외줄을 타고 하늘에 오른다

내 인생 줄타긴 네발로 기어도
뒤뚱뒤뚱 꽝 뒤뚱뒤뚱 꽝.

비정규직

너의 소중한 가족으로부터
네가 온종일 만드는 물건으로부터
노동이 너희를 자유롭게 하리라

쉬고 싶어도 쉬지 못하게
밤이 와도 퇴근을 못하게
노동이 너희와 늘 함께하리라

노동을 하면 행복하지 못하리라는 것을
노동을 더 할수록 절망만 더 하리라는 것을
노동이 너희에게 가르쳐 주리라

더 많은 깡 소주로 너의 빈속을 채워주고
영원히 노동을 들어 올려야 하는
시시포스의 형벌도 주고
노동이 너희에게 많은 것을 주리라

민주주의가 발달해도 노예제도가 존재하고
일을 더 많이 할수록 돈을 덜 받게 된다는
노동이 너희에게 깨달음을 주리라

죽어라 일만 하다
기어코 죽어야
노동이 너희를 자유롭게 하리라.

행복한 중년

야근에 술 접대에 집으로 오면
가족은 잠들고 개들만 반겨도 즐거운 중년

아픈 곳이 도져 밤새 끙끙 소리를 내도
잠잘 자는 여인이 옆에 있어 든든한 중년

나를 지배하는 그 여인의 듬직한 다리에 깔려
가쁜 숨을 몰아쉬면서도 웃음 짓는 간사한 중년

아직도 내게 관심을 보이는 모기가 반가워
새벽에 홀로 잠 깨는 행복한 중년.

가버린 친구에게

강가에 있으니
먼 저간 친구 생각
그리움이 저 바람 되어
저 물결 되어 밀려온다

반짝이는 물결은 네 눈물
시린 내 눈에서도 눈물 난다
친구야, 계집애들과 강가에 앉아
기타 치며 노래하던 그 옛날 그립다

우리 저 세상에서 다시 만나면
못다 부른 노래 밤새워 부르자
우리 아름다웠던 젊은 날을
가슴속에 고이고이 간직하자

보고 싶은 친구야
네가 사무치게 그리워
네 마음속 찬바람만큼 시렸을
늦가을 강가에서 목 놓아 울고 있다

바람도, 강물도, 내 맘 아는 듯
같이 울어 흐느끼는 가을 강가에서.

철없는 남편

사장에게 대들다 또 잘렸다
조언해 줬는데 마음이 상했나
이번이 벌써 두 번째 명퇴다

방바닥에 마른 명태처럼 누워
경상도 말로 '지 맘대로 자빠져서'
팔자 좋게 시집을 읽는다

이상화의 빼앗긴 들에서
윤동주의 별을 헤며
김소월의 진달래꽃을 밟고 있을 즈음

햇살이 살며시 다가와 내 어깨를 따듯이 감싼다
아, 참 행복하다

착한 아내는
철없는 남편이 못마땅한 듯 눈을 흘긴다
벌써 아이들 걱정, 살아갈 걱정인가보다

밥, 못 먹으면 어때
시만 읽어도 이렇게 행복한데.

회사 가기 싫은 날

이불 뒤집어쓰고
오 분 만 더 자야지

감기 걸렸다 할까
몸살 났다 그럴까

길가다 넘어질까
교통사고라도 낼까

제발 큰비가 왔으면
제발 태풍이 왔으면

별별 생각하는 사이
벌써 회사 앞이네.

퇴직 했으면

나 그냥
그만 뒀으면

그네에 누워
책 읽으며

하늘에 흰 구름
바라보고

자전거 타고
세상 끝까지 달리며

내 맘대로
살아봤으면.

명예퇴직

떨리는 손
간간이 내뱉는 헛기침
촉촉이 젖어오는 눈가

하늘을 올려다보고
푹 한숨 내쉬곤
절망감에 고개 숙입니다

정전이 되어 버린 듯
세상이 끝나 버린 듯
갑작스레 찾아온 짙은 외로움

옛 동료의 목소리
귓가에 아른거리고
휴대폰만 만지작 거립니다

몸은 집인데
마음은 저 멀리
회사로 향합니다.

사표

훌훌 사표 쓰고 청계산에 홀로 가니
물소리 청량하고 숲 향기 상쾌하다

웃음 나눌 동료 없고 날 파리만 성가신데
갓 오십 넘은 숨은 턱까지 차오른다

아직 반도 못 올랐는데 해는 저물고
저 멀리 빌딩들은 어둠 속에 사라진다.

퇴직 후

흑백 필름이 끊기듯
갑작스러운 공허감

무덤 속에 갇힌 듯
무기력한 적막감

술자리 웃음꽃
까마득한 옛일인 듯

길 잃은 일벌은
제자리를 맴돈다.

기념패

내가
직장에서 퇴직할 때

귀하의 노고에 감사합니다
어쩌고저쩌고

내 송별식에서
재직 기념패를 받았다

내가
이 세상 하직할 때

귀하의 노고에 감사합니다
어쩌고저쩌고

내 무덤가에서
어떤 기념패 받을까.

와인

너의 가는 허리를 살며시 잡고
너의 붉은 입술에 입맞춤 하였지

내 마음은 네 향기에 흔들렸고
내 심장은 푸른 포도원을 달렸지

붉은 와인은 쉬이 퇴색되고
불타는 사랑은 식고 마는 것

나도 한때는 와인을 사랑하였지만
나의 와인을 이미 다 마셔 버렸소

부디 내 잔에 새 와인을 따르지 마오
붉은 와인은 새로 올 이가 마셔야 하니까

마침내 이젠 나의 붉은 와인을
마개로 꼭 막아 놓아야만 하니까.

아버지

아버지 당신의 얼굴에 드리운 깊은 주름을 봅니다 잠든 아이들의 고운 얼굴을 보며 남모를 눈물 흘리셨을 아버지 가장이라는 형벌에 잠 못 이루셨을 당신의 긴 밤을 생각합니다 죽고 싶어도 죽지 못했을 당신의 고통을 봅니다

아버지, 이제 제가 아버지 되어 당신의 눈으로 내 자식들을 봅니다 당신의 눈으로 내 아이들을 바라보며 당신의 슬픔을 봅니다 가혹한 현실 앞에 온몸 떨며 절망했을 당신의 고통을 봅니다
가슴속 흐르는 눈물을 홀로 삼켰을 아버지 당신의 고독을 봅니다

원망했던 마음이 당신을 사랑하는 마음으로 바뀌는데 아둔한 아들에겐 수 십 년이 필요했습니다
아버지, 가난했던 당신이 누구보다 더 세게 저를 껴안아 주셨듯 저도 이제 당신을 가슴 터지듯 세게 껴안으렵니다

비록 당신은 저에게 못 해준 것이 한이 되신다 하셨지만 아버지 당신이 계셨기에 아름다운 세상 구경도 하고 아름다운 사랑과 아픈 이별도 해 보았고 사랑스러운 자녀들도 가지게 되었습니다
아버지 제가 이 세상 떠나는 날 처절하게 눈물 나고 눈부시게 아름다운 세상을 보여준 당신께 감사하며 당신 곁에 영원히 함께 하렵니다
아버지…… 사랑합니다

3부

우연한 만남

아주 우연히 널 만났지
놀란 마음 갈피 못 잡고

흩어진 추억의 조각을
허겁지겁 주워 모으는데

외면하고 돌아서는 널 보며
외로운 우산을 펼쳐야 했지

마음속에 무슨 못다 한 말 있어
진한 아쉬움 빗물 되어 흐르나.

눈이 내렸어

눈이 내렸어
그대 그리는 창가에

눈이 내렸어
긴 기다림 끝에

눈이 내렸어
검게 타버린 내 마음 위에

새하얀 눈이
그렇게 내렸어.

사랑 · 1

티끌 같은 세상
불꽃 같은 사랑

한여름 열정은 짧고
사랑은 꿈처럼 짧다

퇴색되고 흩어져서
바람으로 가버릴 사랑

바람으로 왔다가
바람으로 가게 둬라.

사랑 · 2

사랑할수록
사랑은 멀어지고
사뭇 커져만 가는 아픔

이루지 못해
이루지 못할 것 같아
이토록 가슴 아픈 사랑

세느 강
오페라의 유령
에펠탑의 서치라이트

샹젤리제 거리엔
연인들이 사랑을 나누고

유령처럼 방황하는 내 마음엔
언제나 너를 위한 나만의 샹젤리제.

Interlaken(인터라켄)의 옥빛 강물

무언가에 끌려 너에게로 갔다

꿈을 꾸듯
푸른 옥빛 치마폭 속으로

두 개의 호수가 하나로 만나듯
너와 나 하나 되었다

아, 영원히 잊지 못할
끝없이 이어진 이끼긴 돌담길

너와 나를 이어주는
황홀한 인터라켄의 옥빛 수로 따라 걸었네

아슬아슬 계곡을 따라 흐르는
기차의 경적마저 없었다면
영원히 빠져버렸을 인터라켄의 옥빛 강물이여.

* 스위스 융플라우 산에서 내려다보이는 인터라켄 이라는 도시에 있는 두 호수를 연결하는 수로, 옥빛 아름다운 바라보며 쓴 시입니다.

그런 사랑

사랑
하고 싶다

스티로폼 같이
텅 빈 사랑 말고

포장지처럼
겉만 예쁜 사랑 말고

소주처럼 톡 쏘고
코끝이 짠한

그런 사랑
하고 싶다.

버려진 반지

간절히 그리워하고 죽도록 사랑했지
그리고 맹세했지 영원 하리라고

황홀했던 사랑과 가슴 저린 이별을 간직한
눈물로 반짝이는 버려진 반지

반지에 새겨진 언약은 생생한데
누가 버렸나 영원한 맹세를

믿지 못할 사랑의 약속
아, 영원히 지키지 못할

영원 하자던 사랑의 약속
Forever.

미련

당신이 누구에게서든
사랑받았으면 좋겠습니다

나보다 당신을
더 사랑해줄 누군가 있었으면 합니다

진정 사랑했으므로
누군가 당신을 열렬히 사랑했으면 좋겠습니다

이렇게 당신이
행복했으면 하면서도 자꾸 눈물이 납니다

당신이 손을 조금만 내밀려고만 해도 덥석
당신의 손을 잡으려 합니다.

사랑한다면

가질까 놓을까 망설이고 또 망설이다가
사랑하기에 진정 사랑하기에
당신의 손을 놓았습니다

손 놓은 뒤
금세 자라나는 아쉬움에 그리움에
사랑하기에 진정 사랑하기에
다시 손을 잡으려 합니다

사랑이 일상이 될까 봐
사랑이 싸구려 될까 봐
사랑이 이별이 될까 봐

그대 손을 놓을까 말까 자꾸 망설입니다
우리 가슴속에 오래 남을 사랑을 위해.

사랑은

부픈 가슴
꿈처럼 행복했던 만남
우린 두 손을 꼭 잡고
화려한 꽃길을 걸었었다

너와 잡은 손은 이제
꿈속으로 미끄러져 가버렸다

붉은 라즈베리 칵테일을
단숨에 마셔버린 듯
너와의 짧은 밤은
진하고 황홀했다

화려한 꽃잎이 지고
젊은 날의 꿈이 져도
아쉬워 마라
서러워 마라

원래 사랑은 쉬이 시들고 마는
한 송이 아네모네 꽃인 것을.

너를 어찌하랴

그대의 뺨은 장미꽃처럼 붉게 타올랐고
그대의 가슴은 꽃망울처럼 부풀어 올랐다

탐스러운 붉은 입술
가녀린 목선
떨리는 어깨

눈물이 쏟아질 듯한
그대의 눈동자는 사랑을 말하는데

이렇게 아름다운 너를 어찌하랴
차마 네 손을 잡지 못하는 나를 어찌하랴
멀어져 가려는 우리의 사랑은 어찌하랴.

이별

파란 밤하늘
나뭇가지에 걸린 텅 빈 조각달
별 하나가 친구 되어 이별노래 불러준다

나는 슬픔조차 다 마셔버린 술잔
나는 기어이 떠나야만 하는 빈 조각배
나는 이제 어둡고 두려운 바다를 홀로 건너려 하오

나를 기다리는 어둠의 천사여
나는 그대를 알지 못하오

사랑하는 이여
내가 죽도록 사랑했던 이여
내가 미치도록 사랑했던 이여

나를 위해 한번만 기도해 주오
나를 위해 마음 한편에만 날 기억해 주오
나를 위해 한 줄기 눈물만 흘려주면 참 좋겠소

달이 기울고 다시 차면
너는 각시 꽃 나는 흰 나비 되어
좋은 여름날에 다시 꼭 만나요.

이별의 바다

바다는 지난여름
추억을 삼킨 채 아무 말도 없다

바닷가 모래 위에 적은
네 이름은 지워졌겠지만

내 가슴속에 적은
네 이름은 지워지지 않았다

바닷가 모래 위에 적은
굳은 맹세는 지워졌겠지만

내 가슴속 깊은 곳에 적은
우리의 사랑은 지워지지 않았다

내 마음은 파도 되어
너에게로 밀려가는데

네 마음은 갈매기 되어
저 먼 하늘가로 날아가 버렸다.

잊으려

산길을 걷고
걷고 또 걸었다

낙엽을 쓸고
쓸고 또 쓸었다

술 마시고
마시고 또 마셨다

이제는 잊었을까 돌아다보면
사랑스러운 그대가 흰 장미 한 아름 안고
미소 가득한 얼굴로 그대로 서 있다.

이별곡

우리 사랑은
도시의 별빛처럼 화려했고
붉은 버건디 와인처럼 넘쳐흘렀다

붉은 와인을 이젠 다 마셔버렸노라
그녀의 볼은 점점 생기를 잃고
빈와인 잔은 해골처럼 창백하다

뜨겁던 여름이 가고 차디찬 밤이 되었구나
사랑의 환희로 붉게 물들었던 사랑 어디 갔나
이 잔을 들어 이별을 고하노라
"이젠 안녕"

술잔의 술이 마르지 않고
만나면 이별이 없을 거라 여기진 않았으나
헤어짐의 고통은 이리도 쓰리구나

나의 한숨이 차갑게 서리 맺히고
나의 눈물이 힘없이 흘러내리더라도
이 잔이 나의 목줄을 태우고
나의 심장을 불태울지라도
이 잔을 다 마셔 완전한 이별을 고하노라
내 사랑, 이젠 안녕.

내 사랑

세월은 오케스트라처럼 장엄히 흐르는데
내 사랑은 바이올린 줄처럼 끊어질 듯 연약하다

내 사랑 너는 어디에 있나
애절히 불러 봐도 대답 없다

가을이 가고 겨울이 와도 슬프지 않듯이
네가 가고 나 홀로 되어도 슬프지 않다

눈 녹고 얼음 녹으면
'안녕' 하며 다시 올 사람이기에

그저 무심히 하얀 겨울 속으로
'이젠, 안녕' 하며 너를 넘기려 한다.

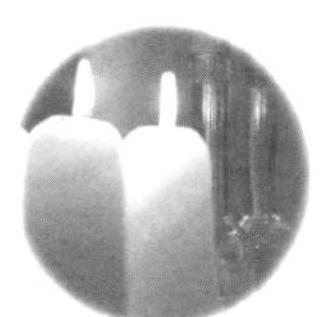

미안해 사랑해

차마 네 얼굴을 볼 수가 없었어
무슨 말을 해야 할지 몰라 고개만 숙이고
사랑한단 말만 남기고 쓸쓸히 돌아서야 했어

미안하지만 미안하다 말할 수 없고
사랑하지만 사랑할 수 없고
보고 싶지만 볼 수 없어

흐르는 눈물 감추려 고개 돌려야만 해

미안해
사랑해
하지만 이젠 안녕

그래도 기억할게
그대는
참 아름다운 사람이었다고

이다음에
아주, 아주 이다음에
미친 듯이, 죽을 듯이
그대가 보고 싶어지더라도

가슴이 저리고
눈시울이 붉어지더라도

사랑했기에
진정 사랑했기에

이젠 안녕.

상사화

네가 떠난 뒤에야
네가 그리워

긴 모가지 쑥 빼고
너를 찾는다

엇갈린 사랑
불타는 그리움

내 이름은
상사화.

달빛 고운 그대

달빛 고운 그대에게
떨리는 촛불처럼 다가갑니다

그대 얼굴은 달빛보다 곱고
그대 입술은 꿀보다 달콤합니다

달은 서쪽으로 쉬이 기울고
축제는 유성처럼 빨리 지나가 버립니다

그대의 달콤한 입술은
더 이상 달지 않고

그대의 사랑스러운 말은
내 한숨에 묻히고 말았습니다

이제 술을 다 마셨고
그대는 내 잔에 남아있지 않습니다

달빛 고운 그대여
언제나 안녕하며
내게 다시 오시려 나요.

눈 맞춤

스치는 불꽃
태양 빛 보다 눈부신
강렬한 두 줄기 눈빛

실핏줄
갈색 눈동자
빠질 듯한 동공

너와 나는 비껴갔지만

마주친 찰나는
영원으로 흐르고
내 마음에 피어오른
한 송이 뜨거운 불꽃.

그 펜션의 여인

양평 땅 어느 산자락에
그림 같은 펜션 하나

아름다운 그곳에
아리따운 젊은 여인 있네

어떤 아픈 사연 있길래
수도승처럼 표정이 없나

그곳 작은 연못엔
진흙을 딛고 꽃피운 연꽃

연분홍 꽃잎 활짝 펼치고
벌 나비 유혹하는 한 여름날에.

소나기

소나기가 오면 놀란 밥알들이 튀어 오른다
끼니를 거르는 날과
밥을 먹는 날이 엇비슷하던 가난했던 어린 시절

하늘이 파랗기보다 노랗게 기억되는 날이
더 많던 어느 한 여름날

우리 다섯 오누이는 큰 양푼이 그릇에 보리밥과
반찬을 넣어 비빔밥을 만들었다

숟가락을 들고 막 밥을 먹으려던 우리는
형제애를 발휘하여 낮잠을 자던
둘째 누나를 깨웠다

잠이 덜 깬 누나는
양푼을 요강으로 착각하고 냅다 치마를 내리고는
오줌을 눠버렸다

소나기처럼 세찬 누나의 오줌 줄기는 "쏴~아"
하며 양푼이 가장자리를 하회마을 돌 듯 휘돌아
나갔고, 오줌 줄기에 놀란 밥알들이 마구 튀어
올랐다

숟가락을 들고 있던 나머지 네 오누이는 “어, 어” 하며 오줌 줄기에 무너지던 밥알들처럼 정신이 혼미해 졌다

참, 이상했다
밥이 사라졌지만 슬프지 않았고
온종일 즐거운 웃음이 소나기처럼 쏟아졌다.
아침 겸 점심은 굶어야 했지만 배고프지 않았다.
창밖에 쏟아지는 소나기만 봐도 온종일 유쾌한 웃음이 터졌다

수많은 궁핍한 날 가운데 드물게 즐거운 하루였다
평소 무섭기만 하던 둘째 누나와의 관계가 그날 이후로 한결 부드러워졌다

대화가 불리하다 싶을 때 비빔밥 얘기를 꺼내면 바로 웃음이 튀어 올랐기 때문이다

오늘처럼 소나기가 오면 놀란 밥알들이 튀어 오르고 둘째 누나가 보고 싶다
누나, 같이 비빔밥 해묵자.

율동 공원

가로등 아래
눈부신 갈대숲

산, 사람, 세상만사
담담히 담아 안은 호수

불꽃처럼 우뚝 선
저 멀리 요한 성당

어디선가 은은히 울리는
가슴 저미는 사랑 노래

사람마다 사랑의 사연 안고
울고 웃다가는 율동 공원.

눈 온 날에는

눈 온 날엔 너와 함께 눈길을 걷고 싶다
순백한 눈 위에 두 발자국 남길 수 있게

눈 온 날엔 너와 함께 눈길을 걷고 싶다
네가 넘어져 나의 손을 잡을 수 있게

눈 온 날엔 너와 함께 눈길을 걷고 싶다
차가운 네 어깨 따스하게 감쌀 수 있게

눈 온 날엔 너와 함께 눈길을 걷고 싶다
시린 네 손을 내 주머니에 넣을 수 있게

눈 온 날엔 너와 함께 눈길을 걷고 싶다
사랑의 세레나데 밤새 불러줄 수 있게

눈 온 날엔 너와 함께 눈길을 걷고 싶다
따스한 커피 한잔으로 온기를 나눌 수 있게

눈 온 날엔 너와 함께 눈길을 걷고 싶다
눈결 같은 그대 마음에
나의 첫 발자국 남길 수 있게.

눈 온 날

이 길로 갈까
저 길로 갈까
혹 잘못된 길은 아닐까

밤새
요 궁리 저 궁리
뒤척이는 동안

눈이
무릎만큼 내려
모두 다 한길이네.

눈 온 밤

전깃줄에도
가시나무에도

하얀 눈이
내렸습니다

눈 온 밤이
아주 예뻐

임이 온 양
서성거립니다.

한 송이 눈꽃

투명한
보드카 글라스에
순백의
눈꽃 한 송이가

잔잔한 여운을 남긴 채
보드카 속으로 사그라집니다

한 송이 눈꽃

한 모금의
보드카와 함께

한 사내가
겨울 속으로 사라집니다.

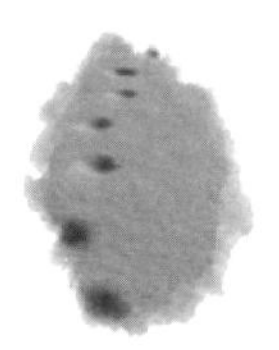

장작

쌓여있는 장작 보니
따듯한 겨울 생각

난로 위에 군고구마
노릇노릇 익어가고

구수한 이야기꽃
모락모락 피어오르면

창밖엔 반가운 눈
소담스레 쌓이겠지

창밖엔 반가운 임
살며시 오시겠지.

슬픈 여인

너는 나를 쳐다보고
나는 시를 쳐다본다

너는 나를 기다리고
나는 시를 기다린다

너는 나에게 미쳤고
나는 시에 미쳤다

너는 사랑을 마시고
나는 사유를 마신다

너는 슬픈 여인이고
나는 슬픈 시인이다.

외로운 남자

세찬 눈보라를 등지고
한 남자가 우뚝 서 있다

무슨 아련한 슬픔 있어
길가다가 문득 멈춰 버렸나

무슨 말 못할 실연 있어
뒤돌아서 아무 움직임 없나

세상이 갑자기 멈춰버린 듯
삼라만상이 꽁꽁 얼어 버린 듯

온몸 가득 세찬 눈을 맞으며
두꺼운 방한복 속에서 얼어버린

그의 눈길 손길이 머무는 곳은
아, 카톡.

사랑과 전쟁

캠퍼스에서 청춘 남녀가
서로 얼굴을 노려보고 있다

둘 사이엔 범접하지 못할
군사분계선의 긴장감이 있고
두 지휘관은 손 허리에 두고
삿대질로 상대를 위협한다

확성기에선 번갈아 가며
상대의 잘못을 선전하고
한마디씩 탕탕 내뱉는 총알들이
동족의 살점을 파고든다

벌겋게 상기된 눈에선
신형 미사일이 발사되고
행인들은 다칠까 봐
힐끗힐끗 피해 간다

서늘한 바람이 휘~잉 하고
두 연인 사이를 스쳐 간다
사랑이 깊었으니
미움도 깊디깊은가 보다.

의미

바람만이 스쳐 가는
이름 모를 뭇 꽃 일지라도
세상에 한 줌의 향기를 남긴다

내가 바람으로 떠나도
누군가 나를 떠올리고 미소 지을
그런 작은 시 하나 남기고 싶다

내 마음에 타오르는 뜨거움을
단 한 사람만이라도 간직해 줄
그런 작은 불꽃 한 송이 지피고 싶다.

사랑은 파도처럼

파도가 나를 무너뜨리고는
파도가 나를 또 내 동당이 친다
파도가 나를 쓰러뜨렸다 다시 일으켜 세운다

사랑의 기쁨이 밀물처럼 밀려오면
어렵사리 쌓은 모래성은 힘없이 무너지고
썰물 되어 가슴을 할퀴며 나가는 쓰라린 사랑

붉은 노을 아래 연인들이 만나고 헤어지고
수많은 사연이 모래알 되어 흩어지면
해변은 쏴 쏴 지난 추억을 말한다

기쁨의 바다
슬픔의 바다
망각의 바다

사랑이 파도처럼 밀려오면
기쁨과 슬픔에 몸 가눌 길 없어
무너지고 다시 짓는 사랑의 모래성.

오줌 골목

보드블록이 삐뚤빼뚤 깔린 관훈동 골목길
키 낮은 기와집들과 양철 지붕을 따라가다
낯익은 여인숙을 끼고 보로꾸 담장 지나면

가난한 시인들이 약간의 원고료라도 받는 날이면
소년들처럼 해맑게 웃으며 막걸리 잔 기울이며
담배 연기 따라 이야기꽃을 피우는 주막이 있다

천상병 시인 아들이 운영하는 '푸른 별 주막'
에선 도사들처럼 수염이 기인 천상병, 김춘수 시
인이 게 거품 뿜으며 속 시원한 이야기 풀어놓는다

"연분홍 꽃잎이 바람에 날려 흔들리더라" 노래
에 누구나 제 흥에 겨워 흥겨이 흥얼 흥얼거리고
그곳에 가면 누구나 목마를 타고 떠난 숙녀를 이
야기한다.

그곳이 '푸른 별 주막' 이라서 누구라도 천사이
고 종로 경찰서의 보호아래 푸른 별을 올려다보
며 시원하게 오줌 줄 풀어놓을 수 있는 골목이
좋다.

슬픔의 바다

삼팔선을 바라보니
십팔 눈물이 나네

삼팔선을 바라보니
십팔 어이가 없네

사회주의가 뭐길래
자본주의가 뭐길래

형제들 갈라놓고
이 땅을 잘라놓았나

다 함께 잘 살아 보자고
한다는 짓이 고작

서로 생각이 다르다고
형제들끼리 죽여야 했나

어느 날 어느 귀인이 와서
불쌍한 이 민족의 눈물 닦아주려나

어느 날 어느 귀인이 와서
한반도에 흐르는 이 슬픔의
눈물바다를 메워 주려나

어느 날 어느 귀인이 와서
산야에 버려진 젊디젊은 백골 부여안고
뜨겁디뜨거운 눈물 펑펑 흘려주려나.

4부

연서(戀書)

내 마음 내보일까
쑥스러워
깊은 숲 속 작은 냇물로 흐릅니다

자그마한 냇물은 끊이지 않고
그대 향해 영원으로 흐릅니다

얼마나 아득히 흘러 흘러가면
그리운 그대 만날 수 있을까

그대여
사모하는 내 마음을
붉은 꽃잎에 실어 보냅니다.

그리운 내사랑

한 잔의 술을 마시고
아름다운 그대를 그리워한다

또 한 잔의 술을 마시고
그대 향한 그리움을 마신다

세 번째 잔을 마시고
그대를 잊으려 한다

보고 또 봐도
마시고 또 마셔도
여전히 그리운 나의 사람아 나의 사랑아

아, 이밤
한 잔의 술로
달처럼 별처럼
멀리 있는 그대가 사무치게 그리워진다.

그리움 · 1

그대 어디에 있나
바람처럼 구름처럼 세월처럼 가버린 그대는 어디에 있나
사무치게 눈물 나는 그리운 그대는 어데 있나

서럽고 가난했던 젊은 날
난로처럼 따듯하게 날 안아주던 그대는 어데 있나

아직도 문득 날 생각 한다면
아직 우리의 인연이 다하지 않았다면
그리운 그대 언제나 내게 오려나.

그리움 · 2

어머니 무릎 베고
잠이 들었네

따스한 손길이
내 머리 쓰다듬네

어디 갔다 오셨어요
반갑게 물으니

창가에 펄럭이는
서늘한 바람

두고 온 아들
그리워 오셨나

젊어서 돌아가신
어머니 그리워

늙은 아들이
베갯닢 적시네.

그리움은 비처럼

끝 간 데 없는 그리움 있어
어두운 빗길을 달려 그대에게로 향합니다

차창에 내리는 빗물을 지우고 또 지우지만
빗물인지 눈물인지 자꾸 흘러내립니다

빨간 신호등이 깜박깜박 경고하지만
나의 발길은 그대에게로 향합니다

그대는 차가운 겨울비 되어 날 울리지만
나는 따듯한 봄비라 여기며 나를 맡깁니다

그대 향한 그리움이 겨울비 되어 내리고
나는 오늘도 밤길을 달려 그대에게로 향합니다.

달아

금가락지 끼고
비단 구름에 누워

환하게 행복한
웃음 짓는 달아

네가 행복해 보여
내가 기쁘고

네가 행복해 보여
내가 슬프다

예쁜 달아
다음 세상에선

나에게도 환한 웃음
지어 주려무나.

바람

시린 나뭇가지
쓸쓸히 흔들리고

작은 연못
잔물결에 흔들리는데

유난히
바람 많은 세상

바람에 흔들리는 것
이들뿐 만은 아니지.

잡초

뽑고
뽑아도
자꾸 퍼지는 잡초

지우고
지워도
자꾸 생각나는 너.

약속

가을이 석양빛을 남기고
겨울 속으로 허무하게 가버렸듯이

우리의 만남이 아픔을 남기고
세월 속으로 떠나가 버릴 것을 염려하여

오래된 찻집의 벽 종이 위에 테이블 위에
짙은 펜으로 굵고 또렷이 적고 또 적는다

닳고 닳은 찻집의 손잡이처럼 문지방처럼
우리의 오늘이 오래오래 되기를 약속한다.

가을날

가을바람에 흔들리며
그대 마음에 내려앉습니다

흔들리는 내 마음을
가만히 담아 안은 그대를 봅니다

그대 거니는 예쁜 오솔길이 되고 싶고
그대 조용히 담아 안은
연못이 되고 싶은 가을날

햇볕이 내리쬐어 온갖 꽃 빛이
사방팔방 펴져 나가고
나는 붉은 단풍잎 되어
그대 마음에 노니는 가을날.

추억

우산 속 속삭이며
다정히 걷던 공원길

온몸이 젖는 줄도 모르고
하염없이 빗속을 걸었었지

빗물 따라 우리 사랑
무심히 흘러가 버렸어도

사랑했던 기억들은
오래도록 내 가슴에 남아

그대 향한 그리움이
흐르는 비 되어 내 마음을 적시네.

외로운 가을

국화차를 만들려고
국화꽃을 꽤 많이 땄다

찻잔 나눌
친구도 없는데

내 마음을 그대 위해
내내 비워 놓았다

그대 내 마음
가늠하지도 못하는데

나눌 수 없는 가을은
그래서 더욱더 쓸쓸하다.

가을에 떠난 여인

갑작스러운 찬바람에
어지러이 낙엽 지고

차창에 차가운 비
눈물로 흐르는데

사랑하는 사람은
젖은 낙엽 밟고 가네

지우고 또 지워도
차갑게 내리는 비.

기다림

그대가 늦가을 바람으로 떠나가고
내가 서릿발 맞고 하얗게 서 있어도
언제나 환한 낯빛으로 그대를 반기리

겨울이 오기 전에
내 눈물이 마르기 전에
젊음의 술잔 다 마셔 버리기 전에

그대
나에게
언제 무슨 빛으로 오려나.

가을날

가을바람에 낙엽이 날려 갑니다
가을바람에 실려 어디론가 날려갑니다
가슴으로 서늘하고 시큰한 바람이 몰려옵니다

모두 다 떠나가려 분주한 가을에
예전에, 아주 예전에 떠나버린
우유 빛 살결 분홍빛 볼 그대가
문득 생각납니다

가을바람이 내 마음에 들어오면
이 가을바람에 실려 어디론가 날려 가면
아련히 그리운 너 혹여 볼 수 있을까.

별

시리게 파란 밤하늘에
별이 운다

앙상한 가지에 매달려
별이 운다

찬바람 분다고
별이 운다

혼자라고
별이 운다

반짝반짝
별이 운다.

고장 난 시계

시계가 멈춰 서 있다
눈바람 맞고 서 있다

어느 임을 기다리나
어느 때를 그리워하나

하염없이 홀로 서서
어느 꿈에 잠들어 있나

너를 간간이 쳐다보는
나는 누구를 기다리나

나도 너처럼 멈춰버리면
어느 꿈에 잠들어 있을까.

그네

그네에 앉아
그대 생각하네

그네가 바람에
그대에게로 흔들거리네

그네가 아픔으로
그대에게로 흔들거리네

그네는 바람에 흔들리는데
그대 마음은 알 길이 없네.

낙엽 · 1

낙엽을 쓸어낸다
대문부터 정원을 지나
냇가까지 싹싹 쓸어 낸다

잔디가 파헤쳐져
흙이 쓸리고 쓸려도
쓴 곳을 쓸고
쓸고 또 쓸어댄다

낙엽이 쌓이는 늦은 가을밤
낙엽을 쓸고, 쓸고 또 쓸어도
너를 향한 그리움
겹겹이 쌓여간다.

낙엽 · 2

구석구석 쌓여 있는
낙엽을 쓸어 낸다
부질없는 마음속 상념을 쓸어내듯

한여름 뜨겁던
추억을 간직한
비에 젖어 초라해진 낙엽들을 쓸어낸다

싸~악 사~악
깨끗이 쓸어 내도
빗자루 위로 자꾸만 떨어지는 낙엽들.

가을을 보내며

붉디 붉은빛으로
가을이 가려 하네

안타까이 이별하는
가을을 잡지 못해

상심한 마음에
가을비마저 내리고

내 마음인 듯 가을비
밤새 흐느끼는데.

겨울길

깊은 겨울에
너를 만나러 가는 길

눈발이
어지러이 날리고

내 차는 미끄러지고
엉금엉금 기어간다

가던 길 돌아가는
차들이 부럽다.

2013 & **가슴에 시들지 않는 그리움**

인　쇄: 초판인쇄 2013년 01월 20일
인　쇄: 초판발행 2013년 01월 25일
지은이: 박소월
펴낸이: 윤기영
편　집: 정설연
펴낸곳: 도서출판 노트북
등　록: 제 305-2012-000048호
본　사: 서울시 동대문구 장안동 314-3번지 나동 101호
전　화: 070-8887-8233 팩시밀리 : 02-844-5756
이메일: hdpoem55@hanmail.net

정 가 : 10.000원정
ISBN : 978-89-92687-34-8-03810